Gradimir Smudja

Vincent et Van Gogh

DELCOURT

À ma famille : Zorica, Ivana et Ines.

à
Brigitte Bardot

Chaque mois, lisez

Pavillon
Rouge▽

**le magazine de bande dessinée
des Éditions Delcourt**

*Chez votre marchand de journaux
et votre libraire spécialisé*

© 2003 Guy Delcourt Productions

Tous droits réservés pour tous pays.
Dépôt légal : janvier 2003. I.S.B.N. : 2-84055-998-6

Traduit du serbe par Maja Bajić
Conception graphique : Trait pour Trait

Achevé d'imprimer en décembre 2002
sur les presses de l'imprimerie Lesaffre, à Tournai, Belgique.
Relié par Ouest Reliure à Rennes.

www.editions-delcourt.fr

Quelque chose clochait dans les cieux, une espèce de panne, ça coulait de partout au-dessus d'une certaine ville.

Il n'y avait au monde d'homme plus seul que lui.

Tous ceux qui connaissaient le monsieur en question, disaient de lui que c'était bien le plus averti des experts en tableaux.

Antoine Watteau... une fois, deux fois, trois fois, adjugé et vendu à monsieur Gaillard !

De plus, une grande passion inassouvie habitait Van Gogh.

De tout temps, mon unique souhait a été de devenir peintre !

C'est nul ! Une fois de plus c'est nul !

Vous auriez tort de croire que c'était un bon peintre !

Il avait pris son courage à deux mains pour aller montrer ses tout premiers tableaux à Gauguin et à Lautrec...

...et le voilà qui rougissait de ses toiles.

On dirait l'œuvre d'un amputé du bras !

En un mot, c'est affrrreuux !

Est-ce que continuer à peindre avait encore un sens ? C'était moins une question de volonté que de bon goût.

Non, non, pas question de baisser les bras, toujours à la recherche de son propre style...

... il faut dire que dans sa quête de soi, il lui arrivait de marcher sur la tête des gens !

Oh pardon, cher collègue !

Monet, ce " jeune homme aquatique", peignait ses nymphes sous les angles les plus invraisemblables.

Jeune homme, vous m'empêchez de voir la scène !

Aussitôt qu'il arrivait quelque part, on lui faisait comprendre qu'il gênait.

Il faut toujours qu'on me devance d'un pas !

Quoi, encore ce blanc-bec ! Grrrr !

Eh oui, Degas, le grand maître, monopolisait toutes les danseuses de l'Opéra.

Et il quitta l'Opéra tout triste et désappointé...

... dans cette ville surpeuplée, le monsieur déambulait discrètement, en grand solitaire, et cela aurait continué pendant des années et des années encore...

... si un beau jour, un miracle n'était survenu !

Merci Seigneur !

Le pauvre Van Gogh avait cru pouvoir y déceler un signe de la Providence.

Hé ! Il emporte notre palette !

C'est sur cette terrasse de Montmartre que les plus exotiques de ses tableaux tahitiens ont vu le jour ...c'est un secret : chut ! Gauguin n'a jamais mis les pieds à Tahiti.

Je vois, tout est là, inscrit sur ta paume. "Un monde secret, bariolé!" Mais ce monde...euh... ce n'est peut-être pas le tien! Ta ligne de vie descend.

Me voilà enfin fixé sur la direction à prendre! Il me faut descendre dans le Midi! En Provence!

Sa décision était bel et bien prise, et pour rien au monde il n'aurait changé d'avis.

Emportant seulement deux valises qui contenaient tous ses biens, il quitta sur la pointe des pieds cette ville dont le nom est sans importance. Personne ne regretta son départ...

La route s'annonçait longue...

...et assez périlleuse.

Vos billets, s'il vous plaît.

Juché sur le toit du wagon, il reprenait confiance. "Son éminentissime Altesse le Soleil", prodiguait ses rayons d'or, en guise de décoration sur le bleu uniforme du ciel de Provence…

Ah! quelle contrée maaagnifique, ah, les senteurs du Midi!

…tandis que le train sillonnait la mer des champs de blé, un peu comme s'il avait perdu sa route.

Arles, terminus. Petite ville, vieille seulement de quelques milliers d'années.

Cela pourrait bien être l'endroit en question, ce monde secret que dessinaient les lignes de ma main!

Il élut domicile dans une maison jaune, à l'angle d'une rue. Beaucoup trop jaune et dans un quartier trop bruyant à mon goût.

Si j'avais été Van Gogh, jamais je n'aurais acheté ce lit jaune et branlant, beaucoup trop jaune pour moi...

Mais tu n'es pas Van Gogh, toi ! . . . . . .

Du haut du toit, on pouvait admirer une vue de carte postale.

Dès le premier matin, il fut tiré de son sommeil par les bêlements d'un troupeau de moutons.

Dans cette joyeuse petite ville, il se promenait désenchanté, sans espoir de voir les choses changer un jour...

...dans un quartier malfamé où l'on jouait lestement du couteau...

Tel un tigre du Bengale il se jeta dans la mêlée...

Pauvre minet! Qu'est-ce qu'il a bien pu faire pour se mettre à dos toute la gent féline?

Et les chassa tous!

Mais les chats revinrent à la charge, encore plus nombreux...

Il doit s'agir d'un malentendu!

Ils lui sautèrent dessus et le tabassèrent à mort!

Au secours mamaaan!!!

Après ce qu'il avait fait, il méritait bien la "médaille pour le courage".

C'est à peine s'il respire, pourvu qu'il tienne bon jusqu'au matin !

Si brutalement abandonnés de tous, partagerions-nous le même destin?

... à mesure que le temps passait, le patient reprenait des couleurs.

L'âme de Van Gogh débordait de fierté d'avoir accompli une bonne œuvre...

Dans ses rêves, il voyait des chats.

Petit à petit, le chat se trouva si bien chez lui...

Comment démarrer?

Qu'il voulut dessiner...

...ou bien peindre...

Comment fait-on?

... il finissait toujours par obtenir quelque chose qu'il n'avait pas voulu.

... en moins de deux, comme au cirque le chat s'agrippait à la toile...

...et de griffer!

...et de gratter!

griffant et grattant!

C'est, du jamais vu!

C'est du tonnerre!

La toile était toute froissée sous les griffes du chat...

Quel style! Quelle verve!
...

Ma parole, il peint la tête à l'envers! Chapeau!

J'ai vu des milliers de tableaux, mais jamais un comme celui-ci!

... et alors qu'il observait la ronde endiablée de ses traits virtuoses, Van Gogh eut le vertige...

C'est plus que génial!

Sûr que c'est génial!

...

14

J'hallucine ou quoi?

Faut-il Vous griffer pour Vous prouver que Vous ne rêvez pas?

Qui es-tu?

Un génie déguisé en chat!

Il pourrait m'apprendre à peindre?!

Ce n'est pas mal ici, je pourrais m'installer pour quelque temps!

Appelez-moi Vincent!

Enchanté! Van Gogh!

Ah, si seulement je pouvais peindre comme toi...

Chez moi, c'est un don inné!

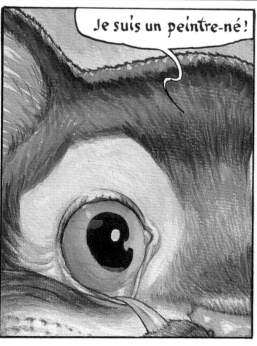

Je suis un peintre-né!

Dans ma famille, nous avons un pedigree artistique!

...il ne voyait rien de spécial dans ses yeux.

Personne ne sait que c'est mon arrière-grand-père qui a peint tous les chefs-d'œuvre de Rembrandt.

Attention! Un courant d'air! ...

...ce matin funeste pendant qu'il s'appliquait aux dernières touches et que la "Ronde de nuit" sommeillait, le tableau s'écrasa mystérieusement sur mon malheureux aïeul...

... et c'est Rembrandt qui fut couronné de gloire et couvert de lauriers...

Grand-père Eugène, lui, est mort d'une mort héroïque en peignant son peuple.

Après, c'est quelqu'un d'autre qui a signé son tableau.

Ha, ha, quelle belle fantaisie! Jeune homme, vous avez vraiment une imagination débordante!

...il eut droit à sa propre porte d'entrée.

...ce furent des jours heureux.

Pour l'amour du ciel, apprends-moi aussi à peindre!

Il se sous-estime! Et pourtant, six autres réunis ne feraient pas le poids!

J'aime regarder Vincent peindre.

Lui, exécutait des figures acrobatiques.

Comme ça non plus, ce n'est pas mal!

Il rivalisait de vitesse avec le vent et le papillon en plein vol.

Jour et nuit, sous le soleil et sous la pluie, à travers champs et bois, ils avaient tant marché et peint tant de tableaux... qu'ils n'avaient pas pu tous les emporter.

...ils se souvinrent alors qu'ils avaient oublié de souffler un peu!

Je suis crevé, patron, cloué à mon chevalet 25 heures par jour!

Debout fainéants, midi sonne !

Monsieur Van Gogh ne se souvenait pas d'avoir autant ri, ni d'avoir été si heureux une fois dans sa vie !

... s'il leur arrivait de s'endormir pour un instant, le cyprès retouchait en catimini les tableaux de Van Gogh.

... dans le péril, il leur tenait lieu d'abri ...

... ils étaient devenus très attachés à cet arbre ...

Ils ont vraiment un cœur d'or !

Méfie-toi des rapporteurs de nouvelles.

Je sais bien que c'est l'été, mais moi, je ne peux plus marcher pieds nus! Achète-moi vite des godasses!

et un chapeau de paille...

Ils allaient toujours dans des coins...

Je t'achète tout ça si tu m'apprends à peindre.

Compte sur moi, tu peux m'appeler maître!

Il faut d'abord que t'apprennes à regarder.

...qu'ils ne connaissaient pas encore.

Comme ça, tu es trop près!

Oh là là, non, là tu es trop loin!

Un cas désespéré! Il fallait qu'il soit pour moi!

Là, c'est encore trop près! Oh, non ...

Tout ce que faisait Vincent...

...semblait magique...

...Van Gogh persévérait...

Je vois bien que tu t'acharnes, mais c'est peine perdue, les grandes œuvres, ce n'est pas ton truc!...

Arrête de te prendre la tête! Laisse tomber!

Le plus petit des deux est un peintre hors pair!

...oui, mais quel mauvais caractère!

Il ont l'air d'être très amis!

Mon œil! Amitié intéressée!

Cela fait un bout de temps, qu'on ne les a pas vus!

Il ne leur serait pas arrivé quelque chose?

...je commence à m'inquiéter aussi!

On s'est paumés !!!

Bonjour, pas de courrier pour vous, Van Gogh!

ENFIN! LE MONDE CIVILISÉ!

...et puis un lundi, non, c'était un mardi... ou peut-être même un mercredi?

Alors, t'as fermé les yeux?... et qu'est-ce que tu vois?

... je vois... je vois... du noir!

Pauvre Van Gogh, il faisait de son mieux pour voir!

...quelqu'un d'autre avait pris sa place.

S'il n'avait pas fait mat en trois coups...

Le sergent Brutus n'aurait pas surpris sa Loulou bien-aimée dans les bras de ce...

Fils de pute !!!

...mais Vincent s'était déjà esquivé dans la nuit!

Pendant la saison des amours, il se la coulait douce, loin du monde.

S'éveillant au beau milieu de la nuit, il s'éclipsait ...

... comme un somnambule!

Il s'aventurait dans la nuit! Aux cartes, la chance lui souriait!

... les filles de mauvaise vie aussi ...

À la différence de Van Gogh, il savait y faire avec les femmes ...

Appelle-moi Vincent!

... quand il avait un peu bu, même les plus intrépides déguerpissaient à son passage!

Habitué du bordel, il y était toujours bien accueilli.

J'ai neuf vies, moi...

...et aussi sept péchés capitaux.

Et tu t'es mis en tête de les claquer tous en une nuit!

Tout le monde se plaint de toi!

Et alors, moi aussi, je me plains du monde entier!

C'est qui le personnage principal dans cette foutue histoire?

Toi ou MOI?!

Monsieur se révolte à présent!

Je quitte à tout jamais ce trou!

Sous peu, tu me supplieras de revenir...

...mais tu auras beau faire!

Tu n'as aucun scrupuuule!

C'est juste. Et toi, aucun talent!

Tu ferais mieux de rentrer au bercail et de planter des tulipes!

C'est comme ça que tu me remercies de t'avoir ramassé dans le ruisseau et de t'avoir sauvé la vie!

25

Ma mignonne, appelle-moi ...

...mais ce n'était pas le cas. La misère, c'est héréditaire.

Voici, de tous les chats du monde, le plus illustre et le plus nanti !

... il aurait voulu être important et se faire admirer de tous.

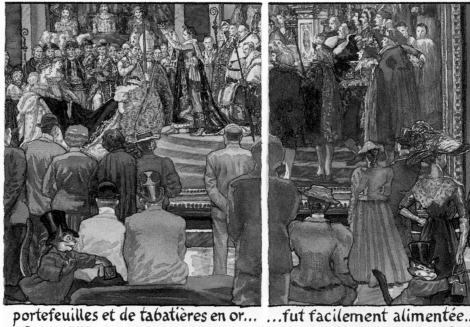

Sa collection de portefeuilles et de tabatières en or... ...fut facilement alimentée...

Je n'aime pas du tout tes balades nocturnes!

Une fois, la fatigue et le vin firent qu'il s'endormit. Il en réchappa de justesse...

On m'a dit qu'un criminel dangereux habitait ici!?

Ah! C'est encore vous, sergent! Si j'ai bien compris, le joaillier a été victime d'un cambriolage!? Ça alors, c'est terrible!

Tu deviendras célèbre et tes tableaux seront exposés dans tous les endroits importants.

À quoi bon être célèbre quand on a l'estomac dans les talons!

50.000 fr

Je me fais du souci pour ce jeune homme!

33

Une fois,
il se rua fébrilement sur
un train bourré d'or.

Excuse-moi
Vincent, je ne
t'ai pas tout de
suite reconnu !

Pourrais-tu
me garder ça
quelque
temps ?

Ce chat a vraiment
un cœur d'or !

Des gendarmes furieux prirent d'assaut la maison, qui, affolée, contracta la jaunisse !

Je proteste
catégoriquement !

J'ai toujours voulu
entrer en possession
de ce Fragonard.

Chaque nuit, il endossait son bleu...

...et se rendait au Louvre pour une visite nocturne...

Cette fois-ci on t'a eu, mon coco!

HALTE-LÀ!!! On te tient!!!

Ça va, je me rends!

...et c'est ainsi qu'il tomba dans le guet-apens!

Je me vois dans l'obligation de vous poser une question fort désagréable: est-il à vous, ce bandit?

Je ne l'ai jamais vu de ma vie.

Sans moi, tu n'existerais même pas!!!

Van Gogh! Regardez-moi ce Judas!!!

Dis-moi un peu, qui les a peints, tous tes tableaux?!

FORUM REPUBLICAIN
JOURNAL DES ARLES
Chronique locale

LE CHAT ORANGE
SIC 250013
22 JUIN 1879

LE CHAT ORANGE
SIC 250013
22 JUIN 1871

Ça y est, le voilà devenu célèbre!

Au tribunal...

Vincent disait pour sa défense que s'il avait été au Louvre cette nuit-là, c'était uniquement pour attraper des souris.

Je ne connais pas ce jeune délinquant! Je suis un homme sans histoires, moi, et je vis seul.

Ce procès est un coup monté!

Principaux chefs d'accusation: vols avec effraction, escroqueries et corruption, enlèvements, chantage, rançonnement et débauche...

À la prochaine alors, numéro 140 756 !

Plus jamais !

Plutôt crever !

Mon cher bienfaiteur, merci !

J'ai toujours su que malgré ta sale tronche, tu avais bon cœur !

Tu as ma promesse, je vais changer du tout au tout !

...à ces paroles, il posa sa patte contre le cœur de son ami... il venait, une fois de plus, de mentir.

Tu as grossi...

On mange bien dans une prison bondée de souris !

Le Lapin Agile, ce lièvre au cœur de lion, s'opposait toujours au régime en place, mû par ses idées progressistes...

Allons enfants de la patrie ! Le jour de gloire est arrivé. Contre nous de la tyrannie, l'étendard sanglant est...

Oh, mon portefeuille !

Jour après jour, par de petits gestes de bonté...

...Van Gogh apportait sa contribution à la création des œuvres grandioses de Vincent.

Que sa Majesté veuille bien se donner la peine, le dîner est servi.

Ils avaient échangé leurs rôles.

Beurk... encore des patates!

Dans ses rêves, il se voyait dormir...

...
et devint un chat, beaucoup trop gros
...

...trop lourd et trop paresseux pour marcher...

Vincent travaillait de moins en moins et devenait de plus en plus exigeant.

Tout change, sauf le sempiternel égoïsme d'un chat!

Un vrai Narcisse!

Mon illustre visage.

Un grondement jovial parvenait des champs. Un tonnerre tirait gaiement sur Vincent ...

... mais c'est Van Gogh qu'il foudroya !!!

J'y suis enfin arrivé, j'ai vu de la lumière les yeux fermés!

Même la foudre se détournait de Vincent, la nature le redoutait...

Sous ses pattes les ponts vibraient de peur, et face à lui les armées changeaient de stratégie!

Un jour où il avait senti la piqûre d'un scorpion venimeux, il inocula à ce dernier le virus "Vincent" qui en eut raison!

Seuls les corbeaux lui manquaient de respect...

CROAA...

CROAA...

CROAA!

...Mais ils souffraient aussi de la faim.

Ah, si une paysanne était à mes côtés, pour sécher mes habits.

Ah, si seulement je pouvais manger une assiette bien pleine de bonne soupe paysanne.

Les abeilles, en gardiennes effrénées de leur miel, ne prenaient pas non plus leur faim au sérieux.

C'était ton idée!

... ils voyaient des spectres.

Menteur! Tu m'as laissée en rade!

Je me fais du souci pour ce jeune homme, il faut qu'il se soigne!

Ce Don Juan ne se gênait pas pour séduire des mineures...

Quel mariage? Ça fait longtemps que je n'en ai pas vu.

Quelle dinde!

VINCENT!
Il te faut changer
avant qu'il ne
soit trop tard!

Se fit entendre la voix
du Dieu des chats.

Crois-tu que ce soit
facile de trimballer
toute sa vie un tel
fardeau de péchés?

Prends garde,
à présent que je
t'ai prévenu!

Je me réjouis
de voir que
tu as décidé
de changer.

Mon enfant,
dis-moi qui sont
tes parents?

Je suis né au fin
fond de la forêt...

Lucifer fut mon père, et ma
mère, une fée de la forêt...

Je connus une en-
fance insouciante...

Très jeune, je perdis ma mère...
et quand je pense à elle, la flamme du
souvenir me brûle encore aujourd'hui.

...J'étais orphelin,
abandonné de tous, persécuté
par les hommes et leurs sbires.

Pouvais-je
renier ma mère?

... dans le Milieu,
je me sentais
plus en sécurité
...

... je voulais
devenir bon mais je
n'ai pas tenu le coup.

Ohhh!
mon fils, tu
as mal tourné!
Tu diras dix
"Je Vous salue
Marie."

Vincent était incorrigible...

...il reprit ses anciennes habitudes. Toujours en mauvaise compagnie...

On ne vient pas chez les gens à l'improviste!

Ce soir, mon vieux, tu vas dormir ailleurs!

Bon, je t'épouserai.

...pour une nuit seulement, Van Gogh déménagea dans la gouttière au-dessus de la fenêtre...

T'en fais pas, Vincent va s'occuper d'elles!

Ça va barder! Je n'aimerais pas être à ta place!

Quel bavard! Tu ferais mieux de garder ta langue clouée sous ton bec!

Je m'en vais plumer cet horrible oiseau.

...en vivant avec lui, j'ai fini par parler couramment la langue des chats.

... eh oui, eh oui, Gauguin n'était pas du genre à supporter facilement l'échec...

... quel qu'il soit!

Vincent!!! Tu vas pourrir dans un sac au fond du Rhône!

Gauguin! Avant de t'en faire parce que quelque chose est arrivé, dis-toi que tout compte fait, il ne s'est rien passé.

Mon cher Paul?

Il s'est envolé vers sa liberté!

Une cage, même en or, ce n'est qu'une cage.